1963 – Ein ganz besonderes Jahr!

1963 ist ein besonderes Jahr: Freddy Quinn singt „Junge komm bald wieder", Perlon erobert die Modewelt und Whitney Housten erblickt das Licht der Welt. Eine spannende und amüsante Zeitreise für jede Frau, die immer schon mal wissen wollte, welche Trends in ihrem Geburtsjahr begründet wurden und welche bedeutenden Ereignisse es gab.

Ein Ereignis ist dabei ganz besonders hervorzuheben:

Das größte Highlight 1963 ist die Geburt von:

Liebes Geburtstagskind,

Inhalt

Chinesisches Horoskop 6
Ein Jahrhundert-Superstar 9
Deutsches Traumpaar holt Gold 10
Sackkleider und Perlon 11
Tiefkühlkost liegt im Trend 12
Exklusiv: 1963er-Geflügel Rezepte 14
Das geschah 1973, als du 10 Jahre alt warst: 15
Aktien vom Casino in Monaco 16
She loves you bringt erstes Gold 17
Osterreisen trotz Kältewelle 18
Oscar-prämiertes Meisterwerk 19
Trend zur Plastikverpackung 20
Bildungsnotstand 22
Was 1963 sonst noch geschah 23
Die Welt trauert um John F. Kennedy 25
Original Strickanleitungen für Babykleidung 1963. 26
Visuelle Reize in der Werbung 27
Königliche Verlobung 28
Junge komm bald wieder 29
In 60 Sekunden zum Farbfoto 30
Haushaltsgeräte unter dem Weihnachtsbaum 32
Traumhochzeit in Hollywood 33
1963er Rezepte für Apfelsuppen und -saucen 34
Diskriminierung an der Uni 35
Fliegerinnen stellen Rekorde auf 36
Ein TV-Star feiert Geburtstag 37
Sohn von Frank Sinatra entführt 38

Ein Meisterwerk des Horrors 39
Die Queen auf langer Reise 40
Sofia Loren der Bigamie beschuldigt 41
Russin sieht mit den Fingerspitzen 42
Sechzig Stunden tanzen 43
Poncho-Modetipp aus 1963 44
Doppelt so viele Millionäre 45
Exklusiv: 150 Cocktailrezepte aus 1963 46
Mit 2.400 km/h nach New York 47
Bisher längster und teuerster Kinofilm 48
Mittelmeer lockt Urlauber an 50
Ex-Kaiserin als Auflagenkick 51
Das geschah 1983, als du 20 Jahre alt warst: 52
TV in fast in jedem zweiten Haushalt 53
Welches Schweinderl hätten Sie denn gern? 54
Danziger Trilogie komplett 55
Hitzewelle in ganz Deutschland 57
Russin wird erste Frau im Weltraum 58
Neuestes Telefongerät 59
Literatur-Bestseller 60
Download: Strickpullover und Mütze aus 1963 61
Weißer Rauch steigt auf 62
Hits des Jahres 63
Neuheit: Stiftung Warentest 64
Die beliebtesten Vornamen 65
Prominente Geburtstagskinder 66
1963 als Kreuzworträtsel 69

Chinesisches Horoskop

Wer im Jahr 1963 das Licht der Welt erblickte, ist im **chinesischen Tierkreiszeichen des Hasen** geboren.

Im chinesischen Sternzeichen des Hase Geborene sind immer hilfsbereit.

Das Charakterbild der Hase-Frau

Der Hase gilt als Glückssymbol und Frauen, die im Jahr des Hasen geboren sind, bezeichnet man auch oft als Glückskinder.

Eine Frau, die im chinesischen Sternzeichen des Hasen geboren ist, verfügt über einen sehr liebenswürdigen Charakter. Sie ist sanft und geduldig und beeindruckt durch ihre Fürsorglichkeit und Freundlichkeit. Dabei agiert sie immer zurückhaltend und diplomatisch.

Die Hase-Frau ist stets wachsam und verantwortungsvoll. Hinter ihrem ruhigen Wesen verbirgt sich eine ordentliche Portion Verhandlungsgeschick und Geschäftstüchtigkeit. Die Hase-Frau schmeichelt ihrem Gegenüber mit ihrer freundlichen Art und zaubert den Personen um sie herum gerne ein Lächeln ins Gesicht. Die im Zeichen des Hasen geborene Frau behandelt Menschen immer höflich und tritt stets aufrichtig und daher glaubwürdig auf. Außerdem zeichnet sich die Hase-Frau durch ein hohes Maß an Loyalität und Ehrlichkeit aus. Steht sie vor Herausforderungen, ist sie niemals mutlos, sondern bemüht sich beharrlich um eine Lösung des Problems.

Die im Sternzeichen des Hasen Geborene gilt als Organisationstalent und hat zudem zwei geschickte Hände. Da sie besonders kreativ veranlagt ist, liegt ihr zum Beispiel die Malerei, das Schneidern oder das Kochen. Auch Berufe, in denen sie anderen helfen kann, sind besonders geeignet.

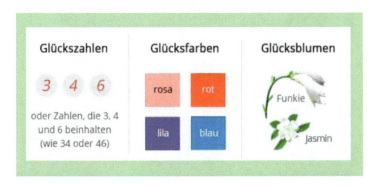

Die Hase-Frau mag es lieber ruhiger und geht nach Möglichkeit Streit aus dem Weg. Auch in der Beziehung leidet sie mit dem Partner mit, wenn dieser ein Problem hat. Die Hase-Frau ist eine sanfte Liebhaberin, die Stabilität in der Familie braucht und Einsamkeit verabscheut.

Sie freut sich, wenn sie das Gefühl bekommt, gebraucht zu werden. Sind Familie und Freunde glücklich, ist auch die Hase-Frau zufrieden.

Auf den folgenden Seiten sind Trends, Ereignisse und Geschichten angeführt, die das Geburtsjahr 1963 aus Sicht der Frau zu einem besonderen Jahr machen. Viel Spaß beim Schmunzeln und Staunen!

Ein Jahrhundert-Superstar

Whitney Elizabeth Houston wird am 9. August 1963 in Newark, New Jersey (USA) geboren. Ihre Mutter war Sängerin einer Begleitgruppe von Elvis Presley, so dass Houston die Musikalität in die Wiege gelegt bekommen hat. In ihrer Jugend war sie einige Jahre lang auch ein erfolgreiches Model. In dieser Zeit wurde sie für bekannte Zeitschriften wie *„Vogue"* und *„Seventeen"* abgelichtet.

Ihr Debütalbum verkaufte sich 1985 alleine in den USA über 13 Millionen Mal. Es folgten zahlreiche Chart-Platzierungen und der erste von sechs Grammys als beste Popsängerin. Schon bald wird die Künstlerin als *"Jahrhundertstimme"* bezeichnet und verkauft über 170 Mio. Tonträger. Auch als Schauspielerin kann der Superstar überzeugen, wie in der Hauptrolle in dem Thriller *Bodyguard* (1992) mit Kevin Costner.

*Der Song „ I will always love you" ist Whitney Houstons größter Hit und wurde schon über **1,2 Milliarden Mal** auf Youtube aufgerufen. Hier der Link und QR-Code dazu:*

https://bit.ly/whitney-superhit

Deutsches Traumpaar holt Gold

Für die beiden Lieblinge des deutschen Publikums, *Marika Kilius* und *Hans-Jürgen Bäumler,* ist 1963 das bisher erfolgreichste Jahr ihrer Eiskunstlaufkarriere. Bei den Eiskunstlaufweltmeisterschaften im norditalienischen Cortina d' Ampezzo gewinnt das deutsche Paar den Titel.

Vor diesem Sieg errangen sie in Budapest bereits zum fünften Mal den Europameistertitel. Außerdem werden sie nach 1958 und 1959 zum dritten Mal Deutscher Meister.

Marika Kilius und Hans-Jürgen Bäumler auf dem Eis.

Sackkleider und Perlon

Die von den beiden Konkurrenten *Yves Saint Laurent* und *Marc Bohan* (Dior) bereits im vergangenen Jahr gezeigten ein- und zweiteiligen Kleider im Pullover-Stil werden in diesem Jahr von vielen Modeschöpfern aufgegriffen.

Da diese *„Sackkleider"* sehr streng wirken, werden Accessoirs wie angesteckte weiße Kamelien, Maiglöckensträuße oder leuchtendfarbige Zierclips eingebunden.

Zu einem Modehit avancieren im Sommer 1963 Kleider, Blusen und Kasacks aus Stoffen des synthetischen Materials Perlon. Durch die von den Herstellern angepriesenen Eigenschaften „leicht, luftdurchlässig, schnell zu waschen, rasch zu trocknen und bügelfrei", eignet sich Perlon insbesondere für die Feriemode.

Tiefkühlkost liegt im Trend

1963 kauft bereits jede dritte Hausfrau gelegentlich Tiefkühlprodukte. Bei der Erweiterung des Marktes für gefrostete Fertiggerichte spielt vor allem das Gaststätten- und Hotelgewerbe eine entscheidende Rolle. Personalmangel und die Notwendigkeit, jederzeit warmes Essen anbieten zu können, führen zum Griff auf die vorbereitete Kost.

Werbung für Tiefkühlkost. Der Verbrauch in der Bundesrepublik ist stark steigend. Die Zahl der verkauften Tiefkühltruhen liegt bei rund 80.000 Stück im Jahr.

Exklusiv: 1963er-Geflügel Rezepte

Ein Kochbuch aus dem Jahr 1963 mit Rezepten aus der siebenbürgischen Küche.

30 leckere **siebenbürgische Geflügel-Rezepte** aus dem Jahr 1963 gibt es hier mittels QR-Code oder Link zum Downloaden:

https://bit.ly/30-Gefluegelgerichte-1963

Das geschah 1973,
als du 10 Jahre alt warst:

Der Mini feiert in 1973 ein Come back, das gilt für alle Jahreszeiten – allerdings nicht Ultrakurz, sondern etwas länger.

Am 20. Januar 1973 stellt Bernd Clüver in der ZDF-Hitparade das Lied „Der Junge mit der Mundharmonika" vor, mit dem ihm sein erster Nummer-eins-Hit gelingt.

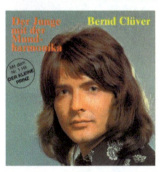

Am 8. Januar 1973 flimmert auf der ARD die erste Folge der Sesamstraße über den Bildschirm.

Aktien vom Casino in Monaco

22. Februar: Der griechische Reeder *Aristoteles Onassis* bietet dem Fürsten von Monaco, *Rainier III.,* die Aktienmehrheit des Spielcasinos in dessen Residenzstadt Monte Carlo an. 540.000 Anteile zum Gesamtpreis von 54 Millionen DM sollen den Besitzer wechseln. Damit erhofft sich Onassis eine Stärkung des kleinen Fürstentums gegenüber seinem Nachbarn Frankreich.

Am 19. April 1956 heiratet Fürst Rainier III. von Monaco die US-Schauspielerin Grace Kelly. Damit bricht eine glanzvolle Ära in Monaco an.

(unten) Der prunkvolle Spielsaal des Casinos.

She loves you bringt erstes Gold

Die *Beatles*, vier Musiker aus Liverpool, landen mit ihrem Song *„She loves you"* einen Superhit. Innerhalb eines Monats wird der Titel in Großbritannien weit über eine Million mal verkauft und bringt der Band die erste goldene Schallplatte ein. Die Beatles treten nach diesem Erfolg in Großbritanniens beliebtester Unterhaltungsshow *„Sunday Night At The Palladium"* auf, bei der diesmal über 30 Millionen Briten zuschauen und ein neuer Zuseherrekord im TV verzeichnet wird.

Weibliche Fans während eines Beatles-Konzerts in Ekstase.

Das über 12 Mio. Mal auf Youtube angeklickte Video vom Song *„She loves you"* ist unter folgendem Link oder QR-Code anzusehen:

https://bit.ly/beatles-1963

Osterreisen trotz Kältewelle

Ungeachtet des kalten Osterwetters kommt es auf deutschen Straßen zu starkem Reiseverkehr an den Osterfeiertagen. Hotels und Restaurants sind überfüllt, Ausflugsziele überlaufen. Eine ungewöhnlich hohe Besucherzahl kann Berlin (West) melden: Etwa 150.000 Gäste aus der BRD, das ist absoluter Rekord seit dem Jahr 1945.

Viele von ihnen treffen sich mit Verwandten und Bekannten aus der DDR. Wegen des Andrangs kommt es zu langen Wartezeiten an den Grenzübergängen.

Berlin im Regen (am Kürfürstendamm/Ecke Joachimstaler Straße). Nur wenige Berlin-Besucher gehen auf die Straße.

Oscar-prämiertes Meisterwerk

Der britische Monumental- und Historienfilm *„Lawrence von Arabien"*, der sich an den autobiografischen Kriegsbericht *„Die sieben Säulen der Weisheit"* von *Thomas Edward Lawrence* anlehnt, ist der große Abräumer bei den Oscars 1963.

Der Film macht die Hauptdarsteller Peter O'Toole und Omar Sharif international bekannt und erhält 1963 sieben Oscars.

Der ehrgeizige, britische Offizier Thomas Edward Lawrence *(Peter O'Toole)* wird 1916 nach Ägypten versetzt. Dort kann er das Vertrauen von arabischen Fürsten gewinnen, zieht aber Misstrauen seitens britischer Offiziere auf sich. Dank seiner guten Verbindung zu den Arabern stellen diese ihm im Kampf gegen die Türken Männer zur Verfügung. Lawrence steigt in seinem Kampf gegen die Türken zur Legende auf, erfährt aber immer mehr Gegenwind aus den eigenen Reihen.

Trend zur Plastikverpackung

Joghurt, bisher nur in kleinen Glasfläschchen erhältlich, wird ab Mai dem Kunden auch in einer neuartigen Kunststoffverpackung angeboten. Die Berliner Meierei-Zentrale bringt Joghurt in einem schalenähnlichen Becher aus Kunststoff in den Handel.

Seinem späteren Schicksal angemessen, lautet die Benennung dieses Einwegbechers: *„Verlorene Packung"*. Sie wird nach dem Verzehr des Inhaltes einfach weggeworfen.

Kunststoffe, verwendet als neuartiges Material für Verpackungen in der Lebensmittel- und Chemie-Industrie

Der Siegeszug der Plastikverpackungen hängt in erster Linie mit den sich verändernden Verkaufsbedingungen zusammen. In den etwa 25.000 Selbstbedienungsläden werden die Waren nicht mehr vom Händer abgepackt, sondern liegen in luftdichten konservierenden Verpackungen im Regal.

Bildungsnotstand

Die Schulsituation in Deutschland ist gekennzeichnet durch Mangel an Geld, Lehrern und Schulen, sowie durch die Unterschiedlichkeit der einzelnen Lehrpläne in den Bundesländern. Die Kultusminister aller Bundesländer beschließen auf ihrer Tagung die Einführung eines *neuen Schulfaches an den Gymnasien*.

Ab 1963 soll in den oberen Klassen *„Gemeinschaftskunde"* unterrichtet werden. Von dem neuen Fach, einer Kombination der bisherigen Fächer Geschichte, Erdkunde und Sozialkunde, versprechen sich die Minister ein bessere politische und zeitgeschichtliche Bildung der Abiturienten.

ABC-Schützen des Jahrs 1963. In der Bundesrepublik sind noch immer 45 Prozent der Volksschulen zweiklassig und die Schüleranzahl in einer Klasse dieser Bildungseinrichtung beträgt durchschnittlich 36 Kinder.

Was 1963 sonst noch geschah ...

11. Januar:
In Belgien wird die Führerscheinpflicht für Autofahrer eingeführt.

17. Januar:
An drei niedersächsischen Gymnasien in Hannover, Braunschweig und Oldenburg wird von Ostern dieses Jahres an für die Schüler der siebenten Klasse Russisch als Pflichtfach eingeführt.

17. Februar:
Mit etwa 7.000 Gästen wird der Opernball in Wien wieder zu einem glanzvollen gesellschaftlichen Ereignis in der Walzerstadt an der Donau.

21. April:
Die SPD feiert ihr 100-jähriges Bestehen.

11. Juni:
Die österreichische Schauspielerin Romy Schneider wird von der französischen Filmakademie für ihre Rolle im Film „Der Prozess" von Regisseur Orson Welles als die beste ausländische Schauspielerin ausgezeichnet.

26. Juni:
„Ich bin ein Berliner" ist das berühmte Zitat von John F. Kennedy am 26. Juni 1963 vor dem Rathaus Schöneberg in West-Berlin.

John F. Kennedy bei seiner berühmten Rede in Berlin.

Was 1963 sonst noch geschah ...

30. August:
Zur Milderung der der Parkplatzprobleme importiert Kairo 200 Parkuhren aus der BRD.

31. August:
Der „heiße Draht" oder auch „rotes Telefon" genannt, die direkte Nachrichtenverbindung zwischen Moskau und Washington wird in Betrieb genommen.

6. November:
US-amerikanische Wissenschaftler und Techniker stellen eine vollautomatische Setzmaschine mit Silbentrennung der Öffentlichkeit vor.

30. Dezember:
Zum Mann des Jahres 1963 wählt die US-amerikanische Zeitschrift „Time" den US-amerikanischen Bürgerrechtskämpfer Martin Luther King.

Das „Rote Telefon" soll ab 1963 verhindern, dass die Weltmächte aus Versehen einen Krieg auslösen.

Die Welt trauert um John F. Kennedy

In der texanischen Stadt Dallas wird *John F. Kennedy,* der 35. Präsident der Vereinigten Staaten von Amerika, von drei Gewehrkugeln eines Attentäters tödlich getroffen.

John F. Kennedy mit seiner Frau Jacqueline und Tochter Caroline, die 1957 geboren wurde. 1960 kam dann der Sohn zur Welt, der, um Verwechslungen zu vermeiden, von der Familie nur John-John gerufen wird.

Die rund 15-minütige Dokumentation: *„ZDF History Die Geheimnisse der Jackie Kennedy Doku über Jacky Kennedy Teil 1"* ist auf Youtube unter folgendem Link bzw. QR-Code zu sehen:

https://bit.ly/doku-jackie

Exklusiv: Vier original Strickanleitungen für Babykleidung 1963

Vier Strickanleitungen für zwei Babyanzüge, Babykleid und Kapuzenjäckchen gibt es zum Ausdrucken unter diesem Link bzw. QR-Code:

https://bit.ly/Babykleidung-1963

Visuelle Reize in der Werbung

Werbefachleute gehen dazu über, den Verkaufsartikel verstärkt unter optischen Gesichtspunkten zu präsentieren oder ihn in einen für den Betrachter angenehmen Kontext einzubetten.

(li.) Die „rote Revolution" auf dem umkämpften Kosmetikmarkt.
(re.) Kleopatras Verführungskunst als Werbeidee.

Dass die durch Werbung angesprochenen Adressaten sich nicht als lediglich „Verführte" oder gar „Manipulierte" fühlen, ergab eine Umfrage, wonach 53% der Bevölkerung über 16 Jahre der Werbung gegenüber eine positive Einstellung bekunden. 25% bezogen eine negative Haltung und 10% äußerten sich unentschieden.

Königliche Verlobung

Der griechische und der dänische Königshof geben die Verlobung von Kronprinz *Konstantin von Griechenland* mit der dänischen Prinzessin *Anne Marie* bekannt. Die Verlobungsfeierlichkeiten finden in Kopenhagen statt, wo das Brautpaar von den Dänen jubelnd begrüßt wird, als es sich auf dem Balkon des Schlosses Amalienborg zeigt.

In Griechenland verkündet ein Kanonensalut auf dem Berg Lykabettos den Athenern die Neuigkeit. Kennengelernt hatten sich der 22-jährige Konstantin und die 16-jährige Anne Marie im Sommer 1962 auf der Hochzeit des Spaniers *Don Juan Carlos* und der griechischen *Prinzessin Sophia* in Athen.

Die dänische Prinzessin Anne Marie und Kronprinz Konstantin aus Athen.

1964 folgt dann die Hochzeit. Die schönsten Originalaufnahmen dazu gibt es unter diesem Link bzw. QR-Code auf einem Youtube-Video:

https://bit.ly/hochzeit-1964

Junge komm bald wieder

Auf dem musikalischen Sektor der Unterhaltungsbranche erfreut sich 1963 insbesondere **Freddy Quinn** (eigentlich *Helmut Manfred Nidl-Petz*) besonderer Beliebtheit. Sein sensationeller Erfolg liegt u.a. darin begründet, dass seine einprägsamen, sehnsuchtsvoll gestimmten Lieder teilweise mit der eigenen Lebensgeschichte in Verbindung stehen und daher umso authentischer wirken.

Freddy Quinn auf der Titelseite der BRAVO 1963.

Er schlug sich lange Zeit als Musiker in einem Wanderzirkus oder als Schiffsjunge durchs Leben. Sein Lied „*Junge, komm bald wieder*", von einer ähnlich sentimentalen Sehnsuchtsstimmung geprägt, hält wochenlang Platz eins in der Schlagerparaden der Bundesrepublik Deutschland. Das über 7 Mio. mal geklickte Youtube-Video zum Song aus dem Jahr 1963 gibt es unter diesem Link bzw. QR-Code zu sehen:

https://bit.ly/Freddy-1963

In 60 Sekunden zum Farbfoto

In mehreren Städten Europas und Nordamerikas präsentiert die US-amerikanische Polaroid-Corporation ihr neuestes Produkt, den *„Polarcolor-Film"*. Er liefert innerhalb einer Minute nach der Belichtung das farbige Bild, farbstabil und ohne jede Nachbehandlung.

In der Kamera entsteht nach einer knappen Minute ein fertiges Farbfoto. Die für die Entwicklung notwendigen Chemikalien befinden sich schon im Film.

15 Jahre Entwicklungszeit waren erforderlich, ehe die Idee des Sofort-Farbfotos verwirklicht werden konnte. Die Polaroid-Corporation, die schon 1950 mit der Schwarz-Weiß-Sofortbildkamera auf den Markt gekommen war, investierte für die Entwicklung 15 Millionen US-Dollar.

Haushaltsgeräte unter dem Weihnachtsbaum

Zu Weihnachten 1963 werden vor allem Haushaltsgeräte und Fernsehgeräte verschenkt. Ein Drittel des Jahresumsatzes dieser Produkte fällt in die Vorweihnachtszeit, 60% der Toaster und 50% der Elektrorasierer werden während der Wochen vor dem Fest verkauft.

Praktische Haushaltsgeräte gehören Weihnachten 1963 zu den beliebtesten Geschenken.

Wer mehr Geld ausgeben will, schenkt einen exotischen Pelz.

Traumhochzeit in Hollywood

Am 9. Februar heiraten im US-amerikanischen Las Vegas der 37-jährige Hollywood-Schauspieler *Toni Curtis* und seine deutsche Schauspielkollegin, die 18-jährige *Christine Kaufmann.*

Trauzeugen bei der Zeremonie im Riviera-Hotel sind Filmstar Kirk Douglas und seine Ehefrau Anna. Das Brautpaar hatte sich 1962 bei den Dreharbeiten zum dem Film „*Tarra Bulba*" kennengelernt.

Das Brautpaar: Tony Curtis und die erst 18-jährige Christine Kaufmann.

Für Christine Kaufmann war es die erste, für Tony Curtis die zweite Ehe. Curtis war bis 1962 mit Schauspielerin Janet Leigh verheiratet. Aus dieser Ehe gingen die Töchter *Jamie Lee Curtis* und *Kelly Curtis* hervor, heute ebenfalls erfolgreiche Schauspielerinnen.

Exklusiv: 1963er Rezepte für Apfelsuppen und -saucen

Der Apfel ist besonders gesund. Schon Anfang der 1960er Jahre erscheinen Bücher mit Apfelrezepten.

Äpfel sind gut für eine ausgewogene Ernährung und sind auch für die Frau von heute besonders gesund. Hier der Link und QR-Code zu 19 Apfelsuppen-Rezepten aus dem Jahr 1963:

https://bit.ly/Apfelsuppen-1963

Auch für Saucen eignen sich Äpfel hervorragend. Hier 15 Rezepte aus dem Jahr 1963 mit Link und QR-Code:

https://bit.ly/Apfelsaucen-aus-1963

Diskriminierung an der Uni

Der farbige US-amerikanische Student *James Meredith,* dessen Zulassung zur Universität von Mississippi im vergangenen Herbst von der US-Regierung mit Gewalt durchgesetzt worden war, verzichtet auf eine Immatrikulation für das Frühjahrssemester. Im Oktober 1962 kam es in der US-Universitätsstadt Oxford zu blutigen Straßenkämpfen. Anlass war seine Immatrikulation an der dortigen Hochschule. Da ihm der Gouverneur des Bundes-Staates Mississippi trotz positiver Entscheidung des Höchstgerichtes den Zugang verweigert, entsendet Präsident John F. Kennedy mehrere 100 Justizexekutivbeamte, die Meredith zur Universität begleiten.

James Meredith mit Begleitschutz von US-Marshalls auf dem Weg zur Universität. 17 Monate hatte er für sein Recht kämpfen müssen. Er war von den 930.000 in Mississippi lebenden Schwarzen der Einzige in diesem Bundesstaat, der mit Weißen zusammen die Universität besuchte – allerdings nur ein Semester lang.

Fliegerinnen stellen Rekorde auf

Die US-amerikanische Fliegerin *Jacqueline Codran* holt sich am 2. Mai mit einem Lockheed-Super-Starfighter vom Typ „F104" den Titel der *„schnellsten Frau der Welt"* Die 56-jährige Pilotin erreicht auf ihrem Flug eine Durschnittsgeschwindigkeit von 1.926,3 km/h.

Mit dem Starfighter F104 erreicht Jacqueline Codran rund 2.000 km/h Höchstgeschwindigkeit

Am 1. August überfliegt als erste Frau die 30-jährige Norwegerin *Ingrid Pedersen* am Steuerknüppel eines einmotorigen Flugzeugs vom Typ Cessna den Nordpol. Mit ihrem Mann Einar als Navigator startete sie in Fairbanks in Alaska. Nach einer kurzen Zwischenlandung auf Grönland landet sie 30 Stunden später bei dem norwegischen Ort Bodö. Wenige Wochen später überquert die Niederländerin *Nina Boesmann* in einem Freiballon als erste Frau die Alpen.

Ein TV-Star feiert Geburtstag

Am 10. Juni feiert *Theo Lingen* seinen 60. Geburtstag. Bei Proben für eine Schulaufführung im hannoverschen Boulevardtheater Schauburg wurde Lingens schauspielerisches Talent entdeckt. Für seinen Künstlernamen bediente er sich des Namens der Geburtsstadt seines Vaters, Lingen (Ems).

Dem breiten Publikum wurde Theo Lingen vor allem als Filmkomiker bekannt. Insgesamt wirkte er ab 1929 in über 200 Filmen mit. Zusammen mit *Hans Moser* bildete er in zahlreichen Filmen ein ungleiches Komikerpaar. Auch in Filmen mit *Heinz Rühmann* war er häufig ein wichtiger Nebendarsteller. Seine näselnde Stimme war sein Markenzeichen.

Theo Lingen war viele Jahre einer der Publikumsliebinge der Deutschen.

Die Dokumentation über Theo Lingen: *„Komiker wurde ich nur aus Versehen"*, ist auf Youtube unter folgendem Link bzw. QR-Code zu sehen:

https://bit.ly/Doku-theo-lingen

Sohn von Frank Sinatra entführt

Gegen die Zahlung eines Lösegelds in Höhe von 240.000 USD wird nach drei Tagen der entführte Sohn von *Frank Sinatra* freigelassen. *Frank Sinatra jr.* wurde zuvor aus einem Hotel in Lake Tahoe (Nevada) entführt. Nachdem die Kidnapper Verbindung mit Frank Sinatra aufgenommen hatten, hinterlegt ein FBI-Beamte das Geld am angewiesenen Ort.

Drei Tage später können die Entführer gefasst und das gesamte Lösegeld sichergestellt werden. Nach Bekanntgabe der Festnahme bedankte sich Frank Sinatra offiziell für die „meisterhafte Arbeit" der Bundespolizei.

Frank Sinatra mit seinem Sohn Frank Sinatra jr. auf einem Foto aus 1963.

Ein Meisterwerk des Horrors

Mit dem Film *„Die Vögel"* erreicht *Alfred Hitchcocks* Kunst der Verkehrung alltäglich und harmlos erscheinender Dinge zu Elementen äußerster Bedrohung ihre spektakulärste Ausformung.

Aus ungeklärten Gründen greifen Vogelschwärme ein Haus in dem idyllischen Küstenstädtchen Bodega Bay an und töten dabei sogar einen Menschen. Der Sturmangriff der Vögel auf das Haus wird zwar unter großen Strapazen abgewehrt, doch lässt Hitchcock offen, ob die überlebenden Hausbewohner im Auto den Vögeln tatsächlich entkommen können.

Auf ein Filmereignis des Jahres weist das US-amerikanische Magazin „Life" in seinem ersten Februarheft hin.

Die Queen auf langer Reise

Im Februar 1963 begibt sich *Königin Elisabeth II.* gemeinsam mit ihrem Mann *Prinz Philip* auf eine achtwöchige Reise nach Australien und Neuseeland.

Königin Elizabeth II. und der Herzog von Edinburgh kommen zu Beginn ihrer Tour 1963 in Australien an.

Ein rund sechsminütiges Video auf Youtube zeigt die Reise der Queen nach Neuseeland in Originalaufnahmen. Zu sehen unter diesem Link oder QR-Code.

https://bit.ly/queen-1963

Sofia Loren der Bigamie beschuldigt

In Abwesenheit der beiden Hauptangeklagten wird am 22. März in Rom das Hauptverfahren gegen den italienischen Filmproduzenten *Carlo Pontiu* und die Filmschauspielerin *Sophia Loren* wegen Bigamie eröffnet.

Carlo Ponite verschaffte Sofia Loren in frühen Jahren eine Schauspielausbildung, gab ihr den neuen Namen, produzierte viele ihrer Filme, und wurde schließlich auch ihr Lebenspartner. Diese Beziehung zu legalisieren, war jedoch mehr als schwierig. Carlo Ponti war verheiratet und eine Scheidung damals ungesetzlich. Der in Mexiko geschiedene Ponti wurde der Bigamie angeklagt, die neue Ehe annulliert. Erst 1966 gaben die beiden den Behördenkrieg auf, wurden französische Staatsbürger und heirateten legal in Frankreich. Über 40 Jahre hielt die Ehe, Skandale gab es keine.

In nationalen und internationalen Produktionen zu Hause: Loren in dem Sandalenfilm "Der Untergang des römischen Reiches" (1963).

Russin sieht mit den Fingerspitzen

Die sowjetische Akademie der Wissenschaften berichtet von einer Russin, die mit den Fingern sehen kann. Die Wissenschafter berichten, dass die junge Russin *Rosa Kuleschowa* mit einer vollständig undurchsichtigen Binde vor den Augen ihr unbekannte gedruckte Texte lesen konnte, indem sie Mittel- und Ringfinger der rechten Hand über die Zeilen gleiten ließ. Die Möglichkeit des Abtastens der Druckschrift war ausgeschlossen. Bunte Farbstifte erkannte sie ebenso fehlerfrei.

In der Zeitschrift „Neue Wissenschaft" erscheint in Heft 1/1964 ein Artikel mit dem Titel „Sehen mit den Fingerspitzen?"

Der Link und QR-Code zum originalen Heft mit dem Artikel ist unten angeführt.

https://bit.ly/russin-kann-mit-fingern-sehen

Sechzig Stunden tanzen

Aus den USA kommt ein neuer *Modetanz,* der nun in fast jedem Tanzlokal in der Bundesrepublik die Hüften kreisen lässt. *Twist,* das Wort kommt aus dem Englischen und bedeutet drehen, winden oder auch verdrehen. Der Tanz wird in der „Peppermint Lounge" in der 45. Straße von Manhattan geboren. In dieser New Yorker Tanzkneipe twisten seit 1962 Damen in Abendkleidern und Männer in Lederjacken nebeneinander.

Twist-Filme und Twist-Schallplatten (bekanntester Hit ist *„Let`s Twist again"* von Chubby Checker) überschwemmen den Markt. Auch gibt es immer mehr Twist-Wettbewerbe. Am 2. April tanzen der 21-jährige Finne *Seppo Haltsonen* und seine 16-jährige Partnerin *Tuula Kaija* in Helsinki 60 Stunden ununterbrochen Twist und stellen damit einen neuen Weltrekord auf.

Massenandrang auf das „Twist-Erfinder-Tanzlokal" Peppermint Lounge mitten in Manhattan.

Poncho-Modetipp aus 1963

In der Zeitschrift **BRAVO** erscheinen in den 60er Jahren auch immer wieder Modetipps.

Original BRAVO-Modetipp aus 1963

Alle BRAVO-Hefte der vergangenen Jahrzehnte sind noch erhältlich. Unter: **https://bravo-archiv-shop.com** sind alle Hefte, auch aus den 1950er und 1960er Jahren als Printausgabe oder Scan zu bekommen.

Doppelt so viele Millionäre

Das Statistische Bundesamt in Wiesbaden teilt am 6. Juli mit, dass sich die Zahl der Millionäre seit dem Jahr 1957 mehr als verdoppelt hat. Ingesamt wurden am 1. Januar 1963 *8.855 Vermögensmillionäre* mit einem Gesamtvermögen von 28,6 Milliarden DM registriert.

„Die Gegenüberstellung mit der Schichtung von 1957", heißt es im statistischen Begleittext, „lässt deutlich erkennen, dass sich das Gewicht der mittleren und insbesondere großen Vermögen, bedingt durch die überdurchschnittlich hohen Zuwachsraten in den Vermögengruppen ab 250.000 DM, weiter beträchtlich verstärkt hat. So vereinigen die Steuerpflichtigen mit einem die Millionen-Grenze überschreitenden Vermögen nunmehr rund zwei Fünftel des steuerlichen Gesamtvermögens auf sich."

Vermögensklasse in DM	Anteil an der Gesamtzahl der Steuerpflichtigen in %	Anteil am gesamten Privatvermögen (67,5 Milliarden DM) in Millionen DM
1 Million und mehr	2,3	28 455
500 000–1 Million	3,3	8 435
250 000–500 000	7,2	9 446
100 000–250 000	22,2	12 894
70 000–100 000	15,3	4 840
50 000–70 000	19,0	4 263
40 000–50 000	13,7	2 345
30 000–40 000	7,2	945
unter 30 000	9,8	937

Verteilung des Privatvermögens in der Bundesrepublik

Exklusiv: 150 Cocktailrezepte aus 1963

Cocktailbücher gibt es schon in den 1960er Jahren in jeder Buchhandlung.

Hier gibt es 150 original Cocktail-Rezepte aus dem Jahr 1963 zum Download. Der Link und QR-Code dazu:

https://bit.ly/150-cocktail-rezepte-1963

Mit 2.400 km/h nach New York

Die US-amerikanische Pan America World Airways (PAA) bestellt sechs Überschall-Verkehrsflugzeuge des Typs *„Concorde"*. Die *Concorde* ist ein Projekt der Superlative, das in britisch-französischer Zusammenarbeit umgesetzt wird. Das erste Musterflugzeug soll im Sommer 1967 zum Jungfernflug starten.

Die Concorde wird bis 2003 betrieben. Ihre Flughöhe lag bei bis zu 18.000 Meter.

Die hervorstechende Eigenschaft der Concorde wird ihre Schnelligkeit sein. Mit 2.400 km/h, also mehr als doppelter Schallgeschwindigkeit, kann sie die Strecke Paris-New York in 2:50 h zurücklegen. Das US-amerikanische Flugzeug „Boing 707" brauchte 1959 dafür 7 Stunden.

Bisher längster und teuerster Kinofilm

Der nach vierjähriger Drehzeit fertiggestellte US-amerikanische Spielfilm *„Cleopatra"* mit *Liz Taylor* hat am 12. Juni in New York Premiere. Er ist ein Film der Superlative: Noch nie wurde an einem Streifen so lange gedreht, noch dauerte ein Film so lange – vier Stunden – noch nie kostete ein Film so viel Geld – 40 Mio. USD und noch nie erhielt ein Star ein derart hohe Gage. 1,725 Mio. USD zahlte die Centfox an Liz Taylor, plus Anteile an den Einnahmen, etwa 7,1 Mio. USD.

Im Bild die Hauptdarstellerin Liz Taylor als Cleopatra. Zur Gala-Aufführung im Rivoli kommen 6.623 Besucher, die für ihre Eintrittskarten insgesamt 600.000 DM bezahlen. Vor dem Kino drängeln sich 10.000 Schaulustige.

Mittelmeer lockt Urlauber an

Im Sommer 1963 sind für viele Deutsche Entspannung, Sonne und Baden wichtiger als Museums- und Kathedralenbesuche. Dabei ist Italien das Urlaubsziel Nummer eins. Folge ist ein erbitterter Preiskampf der einzelnen Reiseunternehmen, insbesondere bei den Flugreisen.

Neben den immer beliebter werdenden Reisen im eigenen PKW, oft kombiniert mit einem Campingurlaub, sind hier die höchsten Zuwachsraten zu verzeichnen. Im laufenden Urlaubsjahr besuchen etwa 21 Millionen Ausländer Italien, 10 Millionen Spanien und 1,2 Millionen die französische Riviera.

Die auf der Karte eingezeichneten Mittelmeerstrände zeigen die beliebtesten Urlaubsziele im Süden Europas.

Die großen Tourismusunternehmen senken 1963 die Preise nach Mallorca um 15%, nach Rhodos um 20% gegenüber dem Vorjahr. So kostet eine 15-Tage-Reise nach Mallorca bei Touropa 378 DM.

Ex-Kaiserin als Auflagenkick

Die Nummer 21 der Münchner Illustrierten *„Quick"* erscheint mit der ersten Folge der *Soraya-Memoiren.* Unter dem Titel „Jetzt spreche ich" erzählt die 31-jährige Prinzessin Soraya, ehemalige Frau des Schahs Mohammead Resa Pahlawi von Persien von ihrem Leben am kaiserlichen Hof.

Sie bekommt dafür von „Quick" 200.000 DM und damit das höchste Honorar, das bislang im deutschen Illustriertengeschäft ausgegeben worden ist. Die Investition zahlt sich aus: Mit dem Beginn des Abdrucks der Memoiren steigt die Auflage um mehr als 200.000 Hefte. Die wöchentliche Auflage liegt bei 1,6 Millionen Exemplaren.

Prinzessin Soraya auf der Titelseite der Illustrierten „Quick", München.

Das geschah 1983, als du 20 Jahre alt warst:

Glamour und Geldadel bietet der US-Serienhit „Denver Clan". Hauptfiguren sind Blake Carrington, das „Biest" Alexis und die schöne Krystle.

Michael Jackson gelingt ein Meisterwerk: Mit rund 65 Millionen verkauften Exemplaren wird „Thriller" das weltweit meistverkaufte Album.

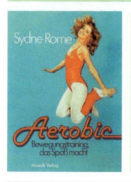

1983 schwappt die Aerobic-Welle auf Deutschland über. Ende Juni wird Aerobic bereits von 1,5 Mio. Bundesbürgerinnen ausgeübt.

Sydne Rome gilt als Botschafterin des Aerobic in Deutschland. Ihr Buch „Aerobic. Bewegungstraining, das Spaß macht" wird zum Bestseller.

TV in fast in jedem zweiten Haushalt

Die magische Anziehungskraft des Fernsehens in den bundesdeutschen Wohnstuben hält unvermindert an. Der Fernsehapparat wird immer mehr zum unverzichtbaren Freizeitpartner. Verfügten im Jahr 1962 noch 35% aller Haushalte in der BRD über ein TV-Gerät, sind es im Herbst bereits 41%.

Besonders beliebt beim Publikum sind Unterhaltungs- und Quizsendungen wie *„Musik aus Studio B"* mit *Chris Howland* oder *„Was bin ich"* mit *Robert Lembke.*

„Vorsicht Kamera" nennt Chris Howland seine Sendung, in der er ahnungslose Bürger per Kamera beobachtet.

Sonnabend nachmittag empfängt Billy Mo seine Zuschauer im „Cafe Mo"(hier mit Günther Jerschke).

Welches Schweinderl hätten Sie denn gern?

Im Jahr 1963 ist üblich, Bekannte oder Nachbarn zum Fernsehen einzuladen. Nach dem Abendessen wird der Fernseher eingeschaltet und zur Zeit der „Tagesschau" gehört es sich nicht, seine Freunde und Verwandten anzurufen. Quizsendungen wie *„Was bin ich?"* mit *Robert Lembke* erzielen erstaunlich hohe Einschaltquoten.

Robert Lembke (Mitte) mit seinem „Was bin ich?"-Rateteam (v.l.n.r.): Guido Baumann, Annette von Aretin, Hans Sachs, und Marianne Koch.

Das Rateteam muss den Beruf eines Gastes herausfinden. Zunächst einziger Anhaltspunkt: eine typische Handbewegung, die eingangs vorgeführt wird. Das Team stellt dem Gast danach Fragen, die nur mit »Ja« oder »Nein« beantwortet werden dürfen.

Für jedes »Nein« erhält der Kandidat 5 DM, die Moderator Robert Lembke in ein »Schweinderl«, ein Sparschwein, steckt. Nach dem zehnten Nein wird der Beruf des Gastes offenbart.

Danziger Trilogie komplett

Mit dem 1963 erschienenen Roman *„Hundejahre"* liegt, nach *„Die Blechtrommel"* und *„Katz und Maus"* die *„Danziger Trilogie"* des aus Danzig gebürtigen, in Berlin (West) lebenden Schriftstellers *Günter Grass* komplett vor.

Zentrale Gestalten in *„Hundejahre"* sind der Halbjude Eduard Amsel und sein Blutsfreund Walter Matern (zuerst Kommunist, dann SA-Mitglied), sowie Amsels Freundin Jenny, eine Ballettänzerin. Die Funktion des Leitmotivs hat der Hund Pluto, der Hitler geschenkt wird, bei Kriegsende aber – wie Matern – dem Führer untreu wird und als Begleiter Materns weiterlebt.

Günter Grass, seit 1963 auch Mitglied der Akademie der Künste Berlin (West), beendet im März seinen 684-Seiten-Roman „Hundejahre"

Hitzewelle in ganz Deutschland

Im Sommer 1963 herrschen in ganz Deutschland tropische Temperaturen, die zwar allen Urlaubern herrliche Sonnentage bescheren, der Landwirtschaft jedoch aber schwer zu schaffen machen. In Berlin klettert mehrere Tage hintereinander die Temperaturen über 30 Grad Celsius.

Beim Sommerschlussverkauf berichten die Unternehmen im Vergeleich zum Vorjahr Umsatzsteigerungen bis zu 10%. Schon nach der ersten Woche des Sonderverkaufs sind die Lager von hochsommerlicher Kleidung fast völlig geräumt.

Wassermangel herrscht in vielen Teilen der Bundesrepublik. Tankwagen versorgen die betroffenen Orte mit dem notwendigen Naß, wie hier in Leuscheid.

Russin wird erste Frau im Weltraum

In der Sowjetunion wird *Walentina W. Tereschkowa,* Unterleutnant der Armee, mit dem Raumschiff „Wostok VI" auf eine Satellitenbahn um die Erde getragen. Damit ist die 26-jährige Russin die erste Frau im Weltraum.

Die Umlaufbahn ihres Raumschiffs ist fast identisch mit der Ellipse, die das Raumschiff *„Wostok V"* zur selben Zeit beschreibt. In ihm umrundet Kosmonaut *Waleri F. Bykowski* die Erde. Die Kosmonauten haben Funkkontakt, zu einer Koppelung der Raumschiffe kommt es während des dreitägigen gemeinsamen Fluges jedoch nicht.

Walentina Tereschkowa und Waleri F. Bykowski nach ihrem gemeinsamen aber doch getrennten Raumflug.

Neuestes Telefongerät

Die Deutsche Bundespost stellt das neueste Telefon vor. Der moderne Apparat mit lichtgrauem Gehäuse, zu dem der Elfenbeinton von Hör- und Sprechmuschel in angenehmem Kontrast stehen, löst das bisher übliche schwarze Telefon ab.

Das topmoderne Telfon der Deutschen Bundespost mit Packungsbeilage.

Wie Postminister Richard Stücklen versichert, ist das künftige Standardmodell weit weniger störungsanfällig als die bisher bei den Kunden der Bundespost aufgestellten Telefone.

Literatur-Bestseller

Seit Oktober 1962 erscheint unter dem Namen *„Bücherspiegel"* die Bestsellerliste des *„Spiegel"*. Sie setzt sich als Standard durch und der Titel **„SPIEGEL-Bestseller"** ist auch heute noch eine begehrte Auszeichnung.

SPIEGEL-Bestsellerliste von 1963

Anne Golon – Angélique, die Rebellin - 15 Wochen
Heinrich Böll – Ansichten eines Clowns - 14 Wochen
Rolf Hochhuth – Der Stellvertreter - 13 Wochen
Günter Grass – Hundejahre - 12 Wochen
Harper Lee – Wer die Nachtigall stört - 5 Wochen
Anne Golon – Angélique, die Rebellin - 2 Wochen
Peter Bamm – Anarchie mit Liebe - 2 Wochen

SPIEGEL-Beststeller 1963:

„Angélique, die Rebellin" von Anne Golon

Teil acht der insgesamt dreizehn aufeinander aufbauenden Romane, die den Zeitraum von Angeliques Jugend bis zum Alter von ungefähr 45 Jahren beschreiben. Die Romanserie vermittelt anschaulich das Leben am Hofe des Königs, die Abhängigkeit der Adligen vom König und seinen Launen, sowie die allgemeinen historischen Zusammenhänge. Ab dem Ende des Bandes 5 verlagern sich die Schauplätze nach Nordamerika.

Download: Strickpullover und Mütze aus 1963

Damen-pullover und Mütze aus 1963

Die Strickanleitungen zu diesem Pullover mit Mütze aus dem Jahr 1963 (für Oberweiten 94-98 und 98-102 cm) gibt es unten zum Download.

https://bit.ly/damenpullover-1963

Weißer Rauch steigt auf

Am 21. Juni wählt in Rom das Konklave der Kardinäle den Erzbischof von Mailand und früheren Prostaatssekretär bei Papst Pius XII., den 66-jährigen *Giovanni Battista Montini* als **Paul VI.** zum 262. Papst.

Den Gläubigen auf dem Petersplatz verkündet der aus dem Kamin der sixtinischen Kapelle aufsteigende weiße Rauch die erfolgreiche Wahl des neuen Oberhaupts der katholischen Kirche. Mit *Montini* steht an der Spitze der 560 Millionen Gläubigen zählenden römisch-katholischen Kirche ein Mann, der als Kompromisskandidat zwischen den reformfreudigen und traditionellen Flügeln im Vatikan gilt. Ihm wird das Motto „Fortschritt mit Vorsicht" zugeschrieben.

Am 30. Juni, neun Tage nach seiner Wahl, wird der Nachfolger von Johannes XXIII., Paul VI. in einer feierlichen Zeremonie zum neuen Papst gewählt.

Hits des Jahres

Deutsche Jahrescharts 1963

1. Junge komm bald wieder von Freddy Quinn
2. Schuld war nur der Bossa Nova von Manuela
3. I will `nen Cowboy als Mann von Gitte
4. Ich kauf`mir lieber einen Tirolerhut von Billy Mo
5. Buona notte von Rocco Granata
6. Vom Stadtpark die Laternen von Gitte und Rex Gildo
7. Paradiso (Tu mir nicht weh) von Connie Francis
8. Barcarole in der Nacht von Connie Francis
9. Wini-Wini von Die Tahiti-Tamourès
10. Casanova Baciami von Petula Clark

Deutsche Schlager dominieren 1963 die Hitparade. Mit dem Lied *„Ich will `nen Cowboy als Mann"* gelingt **Gitte** ein Riesenhit. Der auf Youtube über 500.000 Mal geklickte Song aus 1963 ist unter diesem Link oder QR-Code zu sehen:

https://bit.ly/cowboy-als-mann

Neuheit: Stiftung Warentest

In Bonn teilt Bundeswirtschaftsminister Ludwig Erhard offiziell mit, dass noch in diesem Jahr ein Warenprüfungsinstitut in Gestalt einer Stiftung gegründet wird - die *„Stiftung Warentest"*. Aufgabe dieses Instituts wird es sein, die Öffentlichkeit über den Gebrauchswert von überregional angebotenen Waren mit gleichbleibender Qualität zu unterrichten. Die offizielle Einführung erfolgt dann 1964.

Zu viel Frau und zu wenig Nähmaschine? Das erste Cover von „test" geriet schnell in die Kritik.

Die *„Stiftung Warentest"* wird ein Erfolg. Jeder dritte Verbraucher hält sich heute vor allem bei wichtigen Kaufentscheidungen an ihre Testurteile. Es gibt so gut wie kein Produkt, das nicht schon mal auf dem Prüfstand war. Bis auf einen Bundeszuschuss von zwölf Prozent finanziert sich die Stiftung selbst. Das geschieht vor allem über den Verkauf von zwei Heften. Die Zeitschrift „Test" hat eine halbe Million Abonnenten und ihre Schwester, die *„Finanztest"*, immerhin 230.000.

Die beliebtesten Vornamen

Folgende Vornamen sind im Jahr 1963 am beliebtesten:

Mädchen:

1. Sabine
2. Susanne
3. Andrea
4. Birgit
5. Petra
6. Martina
7. Heike
8. Claudia
9. Gabriele
10. Christine

Jungen:

1. Thomas
2. Michael
3. Andreas
4. Frank
5. Stefan
6. Peter
7. Torsten
8. Klaus
9. Ralf
10. Jörg

Interessante Preise 1963

Butter/kg 7,35 DM
Eier/Stück 0,25 DM
Milch/L 0,45 DM
Rindfleisch/kg 7,80 DM
Schwein/kg 7,46 DM
Zucker/kg 1,23 DM
Kartoffeln/kg 0,27 DM
Mehl/kg 1,18 DM
Kaffee/kg 16,48 DM

Prominente Geburtstagskinder

Folgende prominente ErdenbürgerInnen erblicken 1963 das Licht der Welt:

15. Februar: Gildo Horn
Schlagersänger

09. Juni: Jonny Depp
US-Schauspieler

17. Februar: Michael Jordan
US-Basketballer

27. März: Quentin Tarantino
US-Regisseur

23. Februar: Andrea Sawatzki
Schauspielerin

15. Juli: Brigitte Nielssen
Dän. Schauspielerin

15. Juni:
Helen Hunt
US-Schauspielerin

25. Juni:
George Michael
Sänger von Wham

28. Oktober:
Eros Ramazzotti
Ital. Sänger

1963 als Kreuzworträtsel

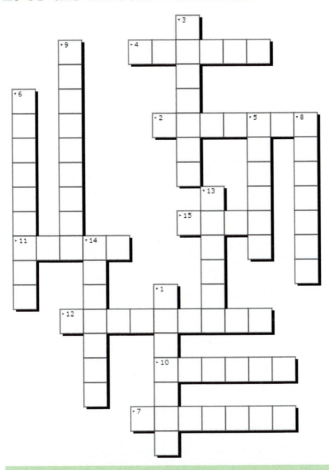

1. Nachname griechischer Reeder; 2. Britische Popgruppe; 3. Nachname 35. US-Präsident; 4. Vorname männlicher deutscher Schlagerstar; 5. Nachname deutscher Komiker; 6. Kino-Horrorklassiker; 7. Weswegen wurde Sofia Loren angeklagt?; 8. Anzahl der Stunden beim Twist-Tanzweltrekord; 9. Bisher längster und teuerster Kinofilm; 10. Name einer Ex-Kaiserin; 11. Nachname des Autors von „Die Hundejahre"; 12. Unabhängige Stiftung, die Produkte testet; 13. Beliebtester weiblicher Vorname; 14. Nachname eines US-Stars, dessen Sohn entführt wurde; 15. Chin. Tierkreiszeichen

Lösung Kreuzworträtsel

1. Onassis; 2. Beatles; 3. Kennedy; 4. Quinn; 5. Lingen; 6. DieVoegel; 7. Bigamie; 8. sechzig; 9. Cleopatra; 10. Soraya; 11. Grass; 12. Warentest; 13. Sabine; 14. Sinatra; 15. Hase

Bildverzeichnis und Links

alamy; bigstock; canto; gettyimages; okapia; pixxio; pixabay; shutterstock; stokpic. Trotz größter Sorgfalt konnten die Urheber nicht in allen Fällen ermittelt werden. Es wird gegebenenfalls um Mitteilung gebeten.

Wir bitten um Verständnis, dass wir keinen Einfluss darauf haben, wie lange die externen Links (z.B. Youtube-Videos) abrufbar sind. Es besteht keinerlei wirtschaftliche oder sonstige Verbindung zu eventuell eingespielter Werbung vor den Videos. Cartoons: Nadja Kühnlieb

Impressum

Autorin: Nadja Kühnlieb

© 2023 Verlag Mensch
www.verlagmensch.com / info@verlagmensch.com
Dr. Roman Feßler LL.M.
6900 Bregenz - Österreich, Bregenzer Straße 64
Umschlaggestaltung: Ingeborg Helzle Grafikdesign
Covermotiv: Alamy

1. Auflage 2023
Alle Rechte vorbehalten. Nachdruck, auch auszugsweise, nur mit schriftlicher Genehmigung des Verlags.

In der Serie Geburtstagsbücher für Frauen sind erschienen:

In der Serie Geburtstagsbücher für Männer sind erschienen:

Alle Jahrgänge enthalten Download-Material zum jeweiligen Geburtsjahr.
Alle Geburtstagsbücher sind exklusiv auf Amazon erhältlich.

Psychologische Ratgeber

Dr. Beate Guldenschuh-Feßler

Jeden Tag glücklich!

Positive Psychologie für mehr Glück & Lebensfreude

Exklusiv auf Amazon.
Der Link zum Buch:
bit.ly/Jeden-Tag-glücklich

Auf 425 Seiten erhalten Sie 199 Praxistipps und Übungen von der erfahrenen Diplom-Psychologin und Verhaltenstherapeutin zur Erhöhung Ihres persönlichen Glückniveaus.

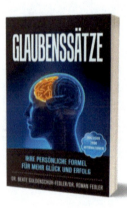

Dr. Beate Guldenschuh-Feßler

Glaubenssätze

Ihre persönliche Formel für mehr Glück und Erfolg. Inklusive 2.000 Affirmationen

Der Link zum Buch:
bit.ly/Buch-Glaubenssätze

Identifizieren Sie Ihre einschränkenden Glaubenssätze und erfahren Sie, wie Sie mit positiven Affirmationen glücklicher und erfolgreicher werden.

Dr. Beate Guldenschuh-Feßler

Das große Tagebuch der Dankbarkeit

Studien beweisen, dass ein Dankbarkeitstagebuch unser Glücksniveau steigern und Geist und Körper positiv beeinflussen kann.

Der Link zum Buch:
bit.ly/dankbares-leben

Neben ausreichend Platz für Ihre Tagebucheintragungen erhalten Sie psychologisches Hintergrundwissen, Tipps und Übungen zum Thema Dankbarkeit.

Dr. Beate Guldenschuh-Feßler

Grimms Märchen für mehr Selbstbewusstsein, Mut & Hilfsbereitschaft

11 Tugenden zur Persönlichkeitsentwicklung psychologisch aufbereitet.

Der Link zum Kinderbuch:
https://amzn.to/3N5GaQh

Vermitteln Sie anhand von Grimms Märchen Werte, die für Kinder von besonderer Bedeutung sind. Mit Ausmalbildern und Hörbuch für Kinder ab 4 Jahren.

Printed in Poland
by Amazon Fulfillment
Poland Sp. z o.o., Wrocław

24328732R00047